BEI GRIN MACHT SICH I
WISSEN BEZAHLT

- Wir veröffentlichen Ihre Hausarbeit,
  Bachelor- und Masterarbeit

- Ihr eigenes eBook und Buch -
  weltweit in allen wichtigen Shops

- Verdienen Sie an jedem Verkauf

Jetzt bei www.GRIN.com hochladen
und kostenlos publizieren

New Work. Welche Einflüsse begünstigen Home-Office?

Was sind die Voraussetzungen und welche Chancen und Risiken bringt Home-Office, insbesondere für kleine und mittlere Unternehmen?

Bibliografische Information der Deutschen Nationalbibliothek:

Die Deutsche Nationalbibliothek verzeichnet diese Publikation in der Deutschen Nationalbibliografie; detaillierte bibliografische Daten sind im Internet über http://dnb.d-nb.de abrufbar.

ISBN: 9783346876232
Dieses Buch ist auch als E-Book erhältlich.

Druck und Bindung: Books on Demand GmbH, Norderstedt Germany
Gedruckt auf säurefreiem Papier aus verantwortungsvollen Quellen

Das vorliegende Werk wurde sorgfältig erarbeitet. Dennoch übernehmen Autoren und Verlag für die Richtigkeit von Angaben, Hinweisen, Links und Ratschlägen sowie eventuelle Druckfehler keine Haftung.

Das Buch bei GRIN: https://www.grin.com/document/1359063

New Work

Welche Einflüsse begünstigen Home-Office? Was sind die Voraussetzungen und welche Chancen und Risiken bringt Home-Office, insbesondere für kleine und mittlere Unternehmen?

Hausarbeit

im Studiengang
Betriebswirtschaft für kleine und mittlere Unternehmen

am 16. Dezember 2022
an der Hochschule Aalen

1   Inhaltsverzeichnis

2 Einleitung

Schon vor der Pandemie hatte das Arbeiten von zu Hause aus an Bedeutung gewonnen und vielerorts gab es die Voraussetzungen für diese Arbeitsform, dennoch lag Deutschland in Sachen Digitalisierung deutlich unter dem europäischen Durchschnitt. Anfang 2020 wurde erstmals bekannt, dass ein Teil der Bevölkerung der chinesischen Stadt Wuhan, sich mit dem neuartigen Coronavirus infiziert hat. Aufgrund der rasanten Ausbreitung der neuartigen Coronavirus-Infektion ist das Home-Office jedoch zu einem beispiellosen Boom geworden. Um die Ausbreitung der Infektion zu verlangsamen, hat die Bundesregierung Maßnahmen zur Eindämmung der COVID-19-Pandemie angekündigt. Menschen auf der ganzen Welt mussten sich sofort auf neue Situationen und Regelungen einstellen, die den Alltag deutlich einschränkt, hatten. Damit sollte ermutigt werden, den Kontakt zur Außenwelt zu meiden und die meiste Zeit in den eigenen vier Wänden zu verbringen. Infolgedessen fühlten sich viele Unternehmen verpflichtet, etwas für einen mobilen Arbeitsplatz zu unternehmen, indem sie für einen Großteil ihrer Mitarbeiter Home-Office einführten, sofern die Arbeit ihnen zusagte. Ebenso wurden Schulen und Kindergärten geschlossen, die berufstätige Eltern zwang, ständig auf ihre Kinder aufzupassen. Die COVID-19-Pandemie hat viele Mitarbeiter gezwungen, von zu Hause aus, zu arbeiten. Jahre sind vergangen, seit das Virus unser aller Leben bestimmt hat, sowohl bei der Arbeit als auch in unserem Privatleben. Besonders in der Arbeitswelt wurden neue Arbeitsmethoden und Strukturen angewendet, welche die Arbeitswelt bis heute prägt.

Der beheimate Arbeits-Wirtschaftsmarkt steht gegenwärtig vor großen Herausforderungen. Erstmals arbeiten vier verschiedene Generationen in der Arbeitswelt zusammen. Unterschiedliche Generationen wachsen unterschiedlich auf und denken daher auch unterschiedlich über den Arbeitsalltag.

In den letzten Jahren wurde immer mehr über New Work auf Konferenzen, Veranstaltungen oder in diversen Artikeln berichtet. Dies spiegelt die Tatsache wider, dass viele neue Ansätze um die neue Arbeitswelt kreisen, deren Interpretationen jedoch nicht immer sofort für alle Betroffenen nachvollziehbar sind. Begriffe wie Digitalisierung, Agilität und Umstrukturierung in der Arbeitswelt bilden die Grundlage zukunftsorientierter Unternehmen. Dafür müssen gewisse Grundvoraussetzungen geschaffen werden, um einen Nährboden für einen erfolgreichen

Umbruch zu gewährleisten. In dieser Arbeit möchte ich auf diese Umstrukturierung eingehen und Begriffe wie „New Work", „Home-Office", erklären. Des Wei-
teren werden Chancen wie auch Risiken gezeigt und die damit verbunden Auswirkungen für kleine und mittlere Unternehmen.

3   New Work

3.1   Definition „New Work"

Das New-Work-Konzept geht auf die Ideen des Sozialphilosophen Frithjof Bergmann zurück, der sich vor mehr als 40 Jahren mit dem Thema auseinandersetzte.
Bergmann argumentierte, dass die Arbeit grundlegend verändert und neu ge-
dacht werden müsse.[1] Damals gingen viele Arbeitsplätze durch die Automatisie-
rung von Arbeitsprozessen verloren. Bergmann war klar, dass sich die Art der
Erwerbsarbeit radikal ändern musste und dass die Arbeitnehmer bei der Arbeit
das tun sollten, was sie wirklich tun wollen.[2] Mit seinem Konzept des New Work
entwickelte er einen philosophischen Ansatz. Die zentrale Idee war, nach ihren
wahren Wünschen zu Arbeiten um die Tätigkeit mit vergnügen nachzugehen.
Bergmann selbst behauptet, der Erfinder von New Work zu sein. Dennoch wei-
gerte er sich vehement, seine Theorie in wenigen Sätzen zu definieren. Er ver-
sucht dies zu erklären, indem er den Unterschied zwischen „der alten Arbeit" und
„der neuen Arbeit" erläutert. Ersterer verfolgt laut Bergmann die Idee, Tätigkeiten
nachzugehen, die darauf abzielen, den Lebensunterhalt zu verdienen, um die
eigene Existenz zu sichern. Jedoch verspüren Menschen bei dieser Arbeit keine
wirkliche Leidenschaft und keinen Sinn für das, was sie tun, er vergleicht es sogar
als eine Art Krankheit, die es zu ertragen gilt.[3] Bei der alternativeren Auflassung
ist die Rede von einer Arbeit, der man mit vergnügen nachgeht die, der die Menschen Energie verleiht, eine Arbeit, mit der man sich mit Leidenschaft beschäftigt
und als folge ein tiefgründigerer Sinn ergibt.[4]

3.2   New Work und der Wandel in der Arbeitswelt

Die Welt ist stetig im Wandel, die immer weiter voranschreitenden Globalisierung
und Digitalisierung haben große Auswirkungen auf unseren Alltag. Nicht nur unsere Kleidung, Technik und Essen wird immer internationaler, sondern auch Unternehmen auf der ganzen Welt sind im Wandel. Es wurde erkannt, dass wir

---

[1] Vgl. *Schnell/Schnell*, New Work Hacks, S. 8.
[2] Vgl. *Jobst-Jürgens*, New Work, S. 2.
[3] Vgl. *Bergmann/Friedland*, Neue Arbeit kompakt, S. 12.
[4] Vgl. ebd. S. 13f.

Menschen bis auf das geringste einzigartig sind und jeder von uns ganz spezielle Voraussetzungen in der Arbeitswelt braucht, um das Maximum an Produktivität zu erreichen. Dieser Wandel in der Arbeitswelt wird allgemein als New Work bezeichnet. Die Zeit der klassischen Lohnarbeit, in der Menschen Stunden lang im Büro einer strikt vorgegebenen Tätigkeit nachgehen ist vorbei. Heute wird vermehrt auf flexible Ansätze gesetzt, welche den Arbeitnehmerinnen und Arbeitnehmern mehr Entscheidungsmöglichkeiten, Flexibilität und Möglichkeiten zur Persönlichkeitsentfaltung geben.

Die Studie „Hays HR Report" von 2018 zeigt, dass dieser Wunsch nach einem Wandel auch wissenschaftlich fundiert ist. In dieser Umfrage mussten die Befragten jeweils drei ihrer wichtigsten Punkte hinsichtlich der Anforderungen an die Unternehmenskultur bestimmen. Zusammengefasst ergaben sich daraus sechs Kernanforderungen. 33% stimmten für Übernahme von Verantwortung durch Mitarbeitende ab, 32% für Fähigkeit zur Selbstorganisation in Teams, 24% für Schaffung von Hierarchieübergreifende offener Kommunikation, 32% für offener Umgang mit kritischen Themen, 29% stärkere Beteiligung der Mitarbeitenden und 24% für aufbrechen starrer Abstimmungsstrukturen. [5]

Übernahme von Verantwortung durch die Mitarbeiter	**33%**
Fähigkeit zur Selbst-Organisation von Teams	**32%**
Schaffung einer hierarchieübergreifenden offenen Kommunikation	**24%**
Offener Umgang mit kritischen Themen	**32%**
Stärkere Beteiligung der Mitarbeiter	**29%**
Aufbrechen starrer Abstimmungsstrukturen	**24%**

---

[5] Instituts für Beschäftigung und Employability, Agile Organisation auf dem Prüfstand

Umwelt, digitale Transformation, gesellschaftlicher Wandel und nicht zuletzt die Corona-Pandemie haben unsere Arbeitsweise und unser Verständnis von Arbeit in den letzten Jahren grundlegend verändert. Insbesondere die digitale Transformation verändert unser Verständnis von Arbeit wie nie zuvor. Die relevanten Veränderungen in der Arbeitswelt werden auch als Arbeit 4.0 bezeichnet.[6] Es wird in der heutigen Zeit in vier Aspekten differenziert, wenn es sich um die Umsetzung von New Work handelt. Individualität, Führung, Agilität und Arbeitskonzepte. Jeder dieser vier Bereiche beinhaltet unterschiedliche Teilaspekte. Der Begriff Individualität umfasst die Selbstbestimmung von Leistungs- und Lernzielen, die Beteiligung der Mitarbeiter an der Strategieentwicklung oder auch einen Teil der Arbeitszeit für eigene Projekte zu nutzen. Der Führungsbereich umfasst eine demokratische und moderne Führungskultur, in der sich Führungskräfte in erster Linie als Mentoren verstehen und zwischen Fach- und Führungskarriere gewechselt wird. Agilität beinhaltet flache Hierarchien, schnelle Entscheidungswege, flexible Arbeitszeiten und kreative Arbeitsplätze.[7]

Da Unternehmen in einem immer dynamischeren Umfeld agieren, sind agile Führungsstile und eine neue Unternehmenskultur angebracht. Mit der fortschreitenden Digitalisierung verändern sich nicht nur die Arbeitsweisen der Menschen, sondern auch die Fähigkeiten, die sie sich aneignen müssen. Nicht nur neue Arten der Interaktion zwischen Menschen und Maschine. Dabei spielt die Agilität in einem Unternehmen eine sehr wichtige Rolle. Agilitätsprinzipien wurden ursprünglich vor allem in den IT-Branchen angewendet. In der IT müssen sich Unternehmen sehr schnell bewegen, um der Konkurrenz einen Schritt voraus zu sein. Im Kern geht es darum, ein fast fertiges Produkt oder eine Dienstleistung schnell auf den Markt zu bringen und es dann basierend auf Kundenfeedback iterativ zu verbessern und zu perfektionieren.[8]

---

[6] Vgl. *Hackl/Wagner/Attmer/Baumann*, New Work, S. 3.
[7] Vgl. ebd. S. 71–80.
[8] Vgl. *Peter*, Arbeitswelt 4.0, S. 13.

4 Home-Office

4.1 Begriff des Home-Office

Das „häusliche Arbeitszimmer" ist ein gesetzlicher Begriff im Einkommensteuergesetz. In der Arbeitswelt werden häufig die Begriffe „Arbeitszimmer" und „Homeoffice" verwendet, es handelt sich dabei aber um einen Raum in einer Privatwohnung, der beruflich und geschäftlich genutzt wird.[9]

Homeoffice oder mobiles Arbeiten stellt eine flexible und ortsunabhängige Arbeitsform dar. Es gibt sie schon seit vielen Jahren, aber die zunehmende Digitalisierung hat ihre Bedeutung stark beschleunigt und erhöht. Durch gesellschaftliche Veränderungen wie eine verbesserte Work-Life-Balance und Wertewandel steigt aber auch der Wunsch nach mobiler Arbeit. Statt der klassischen linearen Karriere geht es nicht nur um die Zunahme von Remote Work, sondern auch um die Sinnhaftigkeit von Tätigkeiten, zeitliche und räumliche Flexibilität, neue Arbeitsstrukturen und flache Hierarchien.[10]

Bis zum Ausbruch der Corona-Pandemie gab es keine allgemeinen Rahmenbedingungen für das Arbeiten von zu Hause aus. Es gab keinen Rechtsanspruch oder eine Pflicht auf flexibles Arbeiten. Dies wurde typischerweise individuell zwischen Arbeitnehmer und Arbeitgeber oder kollektiv zwischen Arbeitnehmer und Organisation geregelt. Doch die Freiwilligkeit dieser Heimarbeit hat sich im Laufe der Pandemie verändert. Seit dem Erlass der Corona-Arbeitsschutzverordnung ist das Arbeiten von zu Hause aus, ein gängiges Gebot, nicht nur eine willkommene Option. „Arbeitgeber sind verpflichtet, Homeoffice anzubieten, soweit keine betrieblichen Gründe entgegenstehen".[11]

---

[9] Vgl. *Springer Fachmedien Wiesbaden*, Kompakt-Lexikon Wirtschaft, S. 38.

[10] Vgl. *o. A*, Zukunftsinstitut, Megatrend New Work.

[11] *o. A*, Bundesregierung Deutschland (2021) Coronavirus in Deutschland.

4.2 Formen von Home-Office

- **Telearbeit:** Telearbeit ist jede auf Informations- und Kommunikationstechnik basierende Tätigkeit, die ausschließlich oder vorübergehend an einem Arbeitsplatz außerhalb des Unternehmensgeländes stattfindet. Dieser Arbeitsplatz ist über elektronische Kommunikationsmittel mit dem Geschäftsstandort verbunden.[12]

- **Heimbasierte Telearbeit:** Bei der Heimbasierten Telearbeit, arbeiten Mitarbeiter ausschließlich von zu Hause aus. Dort haben sie ihren Arbeitsplatz mit einem an das Internet angeschlossenen Computer, über den sie sich mit dem Arbeitgeber- und Firmennetzwerk verbinden können.[13]

- **Alternierende Telearbeit:** Bei dieser Form der Telearbeit arbeiten Mitarbeiter sowohl am Arbeitsplatz als auch von zu Hause aus und wechseln zwischen diesen Orten hin und her. Es wird im Voraus vereinbart, wann gearbeitet wird und zu welchen Arbeitszeiten Präsenz am Arbeitsplatz erforderlich ist.[14]

4.3 Chancen für Unternehmen mit Homeoffice

Aus Sicht der Mitarbeitenden bildet Homeoffice folgende Vorteile:

- **Flexibilität:** Flexibilität ist die Möglichkeit, die eigenen Arbeitszeiten und den Arbeitsplatz individuell anzupassen. So ist es möglich an jeden beliebigen Ort zu Arbeiten. Die meisten Remote-Mitarbeiter können ihre Stunden planen und in ihrem bevorzugten Tempo arbeiten. Das Wichtigste an einem flexiblen Zeitplan ist, dass gesetzte Ziele nie aus den Augen verloren werden.[15]

---

[12] *Prof. Dr.-Ing. habil. Sascha Stowasser Dr. rer. pol. Ufuk Altun Dipl.-Arb.-Wiss. Veit Hartmann M. A. Dipl.-Päd. Sven Hille/Dr. rer. pol. Stephan Sandrock*, Gutachten zur Mobilen Arbeit.
[13] Vgl. ebd.
[14] Vgl. ebd.
[15] Vgl. *Landes/Steiner/Wittmann/Utz*, Führung von Mitarbeitenden im Homeoffice, S. 11.

- **Work-Life-Balance:** Die Arbeit aus der Ferne ermöglicht es, mehr Zeit mit meiner Familie zu verbringen oder auch anderen Tätlichkeiten nachzugehen, die für einen Gesunden Ausgleich sorgen. So können sich Arbeiter nicht nur beruflich, sondern auch privat erfolgreich sein.[16]

- **Geringeres Pendler-Aufkommen:** Es ist gesamtgesellschaftlich relevant, dass der Homeoffice-Arbeitsplatz durch die Verringerung der Kilometerleistung zur Ressourcenschonung beitragen kann. Lange Fahrten zur Arbeitsstelle werden erspart und Stress vermieden. Die Infrastruktur wird durch weniger Pendler entlastet.[17]

Aus Sicht der Unternehmen bildet Homeoffice folgende Vorteile:

- **Höhere Produktivität:** Wie schon erwähnt, sind Remote-Mitarbeiter produktiver. Remote-Mitarbeiter dehnen ihre Arbeit einfach nicht auf das traditionelle Zeitfenster von 9 bis 15 Uhr aus, und erledigen sie meistens viel schneller. Ihre Aufmerksamkeit wird nicht durch allzu redseligen Kollegen abgelenkt. [18]

- **Krankmeldungen werden weniger:** Wenn Arbeitnehmer im Home-Office sind, lassen Sie sich weniger krankschreiben, denn sie gefährden niemanden in ihrem Umfeld und können somit weiterarbeiten. Das Gleiche gilt auch, wenn ein Kind erkrankt und zu Hause bei den Sorgeberechtigten ist.[19]

- **Kostenoptimierung:** Die Anmietung von Büros kann für ein Unternehmen sehr teuer sein. Darüber hinaus ist es notwendig, für jeden Mitarbeiter einen Arbeitsplatz einzurichten, Geräte und verschiedene Büromaterialien zu kaufen und zu installieren. Durch die Fernarbeit können diese Kosten

---

[16] Vgl. ebd. S. 11.
[17] Vgl. ebd. S. 12.f
[18] Vgl. ebd. S. 12.
[19] Vgl. ebd. S. 60.

auf nahezu null gesenkt werden. Darüber hinaus vermeidet die Arbeit von zu Hause aus, Kosten für Besprechungen und Geschäftsreisen.[20]

- **Virtuelle Teams:** Der Einsatz virtueller Teams kann einem Unternehmen erhebliche Vorteile bringen, die nicht ignoriert werden sollten. Durch die Möglichkeit, virtuell und weltweit mit Kunden und Fachleuten zusammenzuarbeiten, entsteht eine größere internationale Präsenz. Dadurch werden Marktpotenziale und Wissensüberlegenheit gesichert.
Darüber hinaus bieten Virtuelle Teams einen Vorteil bei der Personalbeschaffung von Fachkräften. Einerseits werden sie von den ortsflexiblen sowie andererseits auch von der virtuellen Arbeit für die Berufswahl gewonnen. Gerade an interessanten Projekten über Ländergrenzen hinweg teilzunehmen, ohne häufig reisen zu wollen, ist für Berufstätige sehr reizvoll. [21]

4.4 Risikofelder für Unternehmen mit Homeoffice

Aus Sicht der Mitarbeitenden bildet Homeoffice folgende Nachteile:

- **Trennbarkeit von Arbeit und Privatleben:** Das größte Problem ist die schlechte Trennung von Beruf und Privatleben. Diese unklare Grenze ist aber auch auf grundlegende Veränderungen in der Arbeitswelt zurückzuführen.

- **Soziale Isolation der Mitarbeitende:** Fehlende Gruppenzugehörigkeit kann zu Isolation und Einsamkeit führen. Isolationsgefühle aufgrund fehlender sozialer Kontakte am Arbeitsplatz können sich negativ auf die Mitarbeiter auswirken. Dies gilt besonders, für Menschen die ausschließlich von zu Hause ausarbeiten.[22]

---

[20] Vgl. *Lindner*, Virtuelle Teams und Homeoffice, S. 10.
[21] Vgl. ebd. S. 9 f.
[22] Vgl. *Landes/Steiner/Wittmann/Utz*, Führung von Mitarbeitenden im Home-Office, S. 13.

- **Stress im Homeoffice:** Homeoffice erfordert ein hohes Maß an Selbst-management, da Führungskräfte oder Kollegen keinen Einfluss auf die Einhaltung, von gesetzlichen Arbeitszeiten haben. Selbstmanagement spielt eine große Rolle, um eine sinnvolle Balance zwischen Freizeit und Arbeit bzw. Bedarfs- und Regenerationsphasen zu gewährleisten. Ohne eine ausgewogene Ruhephase kann sich der Körper nicht von den tägli-chen Anforderungen der Arbeit erholen. Die Arbeit von zu Hause aus bringt vielfältige Veränderungen im Vergleich zur Arbeit im Büro mit sich, welche zu Stress führen können. Insbesondere in Deutschland, spielt Stress am Arbeitsplatz eine große Rolle. Es ist nicht selten, dass folgend stressbedingte psychische Krankheiten wie Depressionen oder chroni-sche Erschöpfungszustände entstehen.[23]

Neben den oben genannten Risiken für die einzelnen Mitarbeitenden, die indirekt als Unternehmensrisiko gelten, spielen noch weitere Aspekte eine Rolle:

- **Prokrastination und Vertrauensmissbrauch:** Mitarbeitende lassen sich am betrieblichen Arbeitsplatz leichter kontrollieren. Auch deshalb wird in vielen Unternehmen diese Arbeitsform bevorzugt. Home-Office verleitet zu Opportunistischem verhalten. Arbeitnehmer können sich das Arbeits-leben maßgeblich durch andere Tätigkeiten erleichtern. Dadurch wird das Vertrauen von Arbeitgeber und Arbeitnehmer missbraucht.[24]

- **Fehlende Voraussetzungen:** Die Nutzung von Technologie kann vielen zum Verhängnis werden. Da fast nur online kommuniziert wird, ist eine uneingeschränkte Funktionalität aller benützten Geräten unabdingbar. Des Öfteren gelingt es den Unternehmen nicht, Voraussetzungen für

---

[23] Vgl. ebd. S. 49 f.
[24] Vgl. ebd. S. 13.

einen reibungslosen Ablauf zu schaffen. Dies führt zu Verzögerungen im Zeitplan von Projekten.[25]

- **Datenschutz**: Durch Onlinekommunikation über Software werden zahlreiche Dokumente und Daten ausgetauscht. Informationen können leichter an dritte gelangen und missbraucht werden. Deshalb ist eine Verschlüsselte Kommunikation notwendig, um Informationen von unbefugten zugriffen und von Diebstahl zu schützen.[26]

---

[25] Vgl. *Lindner*, Virtuelle Teams und Homeoffice, S. 11.
[26] Vgl. ebd. S. 11.

5 Fazit

Wir Menschen versuchen einfach das, was uns vertraut ist ins Neue zu übertragen. Durch Digitalisierung und flexiblere Arbeitsbedingungen, kann auf die individuellen Bedürfnisse der Mitarbeiter in Bezug auf Arbeitszeiten und Arbeitsorte eingegangen werden. Arbeitgeber, die ihren Mitarbeitern die Möglichkeit bieten, von zu Hause aus zu arbeiten, haben zu beachten, dass die Arbeit aus der Ferne auch mit vielen Risiken verbunden vor allem wenn das gewisse „Selfmanagement" fehlt. Erschöpfungszustände können entstehen Isolationsgefühle, Stress bis hin zu Depressionen.

Nach Vereinbarung und Umsetzung von Rahmenbestimmungen könnten sich jedoch viele Vorteile ergeben, wie z. B. eine verbesserte Work-Life-Balance, bessere Vereinbarkeit von Beruf und Familie, Flexibilität in Bezug auf Arbeitsgestaltung und weniger Pendelverkehr. Da zudem weniger Büroflächen benötigt werden, können Unternehmen Mietkosten ersparen, wenn viele Mitarbeiter effizient von zu Hause aus, arbeiten. Dafür benötigt es aber ein hohes Maß an Vertrauen und Selbstorganisation der Mitarbeiter. Denn Vorgesetzte verlieren ihren direkten Einfluss und kontrollieren und prüfen die Aktivitäten der Mitarbeiter aus der Ferne. Das hybride Arbeitsmodell wird wahrscheinlich zur neuen Realität, und mit dem Aufkommen vertrauter neuer Arbeitsweisen müssen sich die Menschen anpassen. Die Gewinner in dieser neuen Arbeitswelt werden die Unternehmen sein, die die Komplexität der Verwaltung von Homeoffice erfolgreich meistern. Trotz der vielversprechenden Vorteile gibt es diesbezüglich in Deutschland keine gesetzliche Verpflichtung von Homeoffice, sodass jedes Unternehmen individuell entscheiden muss, ob es die Möglichkeit von der Ferne zu Arbeiten anbietet.

6   Literaturverzeichnis

Arbeitswissenschaft, I.-. I. F. A. (2021, 11. Februar). *AZV_PUB_Gutachten zur Mobilen Arbeit:* Arbeitswissenschaft.net. https://www.arbeitswissenschaft.net/angebote-pro-dukte/publikationen/azv-pub-gutachten-zur-mobilen-arbeit

(letzter Zugriff 13.12.2022 ,21:26)

Bergmann, F. & Friedland, S. (2007). *Neue Arbeit kompakt: Vision einer selbstbe-stimmten Gesellschaft* (1. Aufl.). Arbor-Verl.

Breyer-Mayländer, T., Zerres, C., Müller, A. & Rahnenführer, K. (2022). *Die Corona-Transformation: Krisenmanagement und Zukunftsperspektiven in Wirtschaft, Kultur und Bildung* (1. Aufl. 2022). Springer Gabler.

Hackl, B., Wagner, M., Attmer, L., Baumann, D. & Zünkeler, B. (2017). *New Work: Auf dem Weg zur neuen Arbeitswelt: Management-Impulse, Praxisbeispiele, Studien* (1. Aufl. 2017). Springer Gabler.

Hofmann, J. (2018). *Arbeit 4.0 – Digitalisierung, IT und Arbeit: IT als Treiber der digita-len Transformation (Edition HMD)* (1. Aufl. 2018). Springer Vieweg.

Homeoffice überall da, wo es möglich ist. (2021, 19. April). Die Bundesregierung infor-miert | Startseite. https://www.bundesregierung.de/breg-de/themen/coronavirus/verord-nung-zu-homeoffice-1841120

(letzter Zugriff 13.12.2022 ,21:26)

Jobst-Jürgens, V. (2021). *New Work: Was relevante Arbeitnehmergruppen im Job wirk-lich wollen - eine empirische Betrachtung* (1. Aufl. 2020). Springer Gabler.

Landes, M., Steiner, E., Wittmann, R. & Utz, T. (2020). *Führung von Mitarbeitenden im Home-Office: Umgang mit dem Heimarbeitsplatz aus psychologischer und ökonomi-scher Perspektive (essentials)* (1. Aufl. 2020). Springer Gabler.

Lindner, D. (2020). *Virtuelle Teams und Homeoffice: Empfehlungen zu Technologien, Arbeitsmethoden und Führung (essentials)* (1. Aufl. 2020). Springer Gabler.

medianet berlinbrandenburg e.V. (o. D.). *HR-Report 2018: Schwerpunkt Agile Organisation auf dem PrÃ¼fstand*. https://www.medianet-bb.de/de/hr-report-2018-schwerpunkt-agile-organisation-auf-dem-pruefstand/

(letzter Zugriff 13.12.2022 21:26)

Megatrend New Work. (2022, 13. Dezember). Zukunftsinstitut, 2021. https://www.zukunftsinstitut.de/dossier/megatrend-new-work/?utm_term=

(letzter Zugriff 13.12.2022 21:26)

Peter, M. K. (2019). *Arbeitswelt 4.0: Als KMU die Arbeitswelt der Zukunft erfolgreich gestalten.: Forschungsresultate und Praxisleitfaden*. (1. Aufl.). FHNW.

Schnell, N. & Schnell, A. (2019). *New Work Hacks: 50 Inspirationen für modernes und innovatives Arbeiten* (1. Aufl. 2019). Springer Gabler.

Wiesbaden, S. F. (2014). *Kompakt-Lexikon Wirtschaft: 5.400 Begriffe nachschlagen, verstehen, anwenden* (12. Aufl.). Springer Gabler.

Ingram Content Group UK Ltd.
Milton Keynes UK
UKHW010656050623
422889UK00005B/692